**OUEDRAOGO Ousséni**

**L'agonie sociale**

**OUEDRAOGO Ousséni**

# L'agonie sociale

**Éditions Muse**

**Imprint**
Any brand names and product names mentioned in this book are subject to trademark, brand or patent protection and are trademarks or registered trademarks of their respective holders. The use of brand names, product names, common names, trade names, product descriptions etc. even without a particular marking in this work is in no way to be construed to mean that such names may be regarded as unrestricted in respect of trademark and brand protection legislation and could thus be used by anyone.

Cover image: www.ingimage.com

Publisher:
Éditions Muse
is a trademark of
Dodo Books Indian Ocean Ltd. and OmniScriptum S.R.L publishing group

120 High Road, East Finchley, London, N2 9ED, United Kingdom
Str. Armeneasca 28/1, office 1, Chisinau MD-2012, Republic of Moldova, Europe
Printed at: see last page
**ISBN: 978-620-4-96257-3**

**TITRE DE LA NOUVELLE : L'agonie sociale**

**Auteur : OUEDRAOGO Ousséni**

**Adresse : BP. 132 Kaya/Burkina Faso**

**Tél : 00226 70 07 75 88/78 39 53 25**

**E-mail : ousgatami@yahoo.com**

## NOTE BIOGRAPHIQUE

OUÉDRAOGO Ousséni, né le 11/10/1978 à Dabou (Côte d'Ivoire), est Docteur ès Lettres modernes de l'Université Joseph Ki-Zerbo. Titulaire également d'un Master humanitaire et en audit et contrôle de gestion, il occupe de nos jours la fonction de Régisseur d'Avances État. **L'agonie sociale** est une première dans sa production littéraire.

## 1. Les deux amis

Tiga et Raogo sont deux grands amis. Ils ont vécu ensemble dans leur village appelé Laafibé. Devenus adultes, ils décident d'aller en aventure. Ils ont alors choisi de partir à Bobo-Dioulasso pour gagner leur vie, car les aléas climatiques rendaient leur région d'origine improductive. Les vieux racontaient que dans les années 1972 la famine a causé des victimes et certaines personnes étaient contraintes de se nourrir des feuilles. À l'époque, la sécheresse a décimé plusieurs millions d'animaux.

À Bobo, les deux aventuriers étaient ébahis de la grandeur de la ville. Tiga et Raogo ne sont pas venus à Bobo en touristes, mais pour travailler. Ne connaissant personne dans la ville, ils sont accompagnés chez le chef *moaaga*. Ils passèrent plusieurs nuits dans la cour du chef tout en cherchant du travail. Heureusement, la chance était de leur côté. Tiga est devenu gérant d'un magasin libanais. Quant à Raogo, il devint apprenti d'un gros camion. Avec son patron, Raogo a appris à conduire jusqu'au jour où un homme d'affaire lui fit appel pour transporter ses fruits et d'autres produits à destination d'Abidjan. Le travail empêchait les deux amis de se rencontrer contrairement à la vie à Laafibé. Tiga, dans son boulot, gagne 20 000f cfa par mois. Par contre, son ami Raogo est payé en fonction du nombre de voyage et peut même avoir 15 000f cfa par voyage ; dommage que la moitié de cette somme reste dans les bars et hôtels. Il tomba amoureux d'une jeune fille du nom d'Abiba qui l'incita à l'épouser. Raogo accepta de régulariser son mariage religieux. Pour ce faire, il se décida de se rendre à Laafibé en vue de présenter sa future fiancée à ses parents. Arrivés à Laafibé, les deux tourtereaux furent bien accueillis, des festins furent célébrés. Les parents de Tiga prenaient les nouvelles de leur fils auprès de son ami. Raogo leur raconta son amitié avec Tiga. Il leur remit 50 000f cfa de la part de leur fils. Cette amitié poussa le père de Tiga à confier à Raogo la petite sœur de son ami pour les vacances auprès de son frère à Bobo. Raogo ne pouvait pas refuser étant donné que Tiga et lui sont devenus comme des frères de sang.

Pendant ce temps, Abiba devrait rester à Laafibé pour aider sa future belle-mère pour quelques deux ou trois mois avant d'y retourner à Bobo-Dioulasso. Au début, elle s'ennuyait, mais peu à peu, elle s'est habituée à la vie du village. Les futurs beaux-parents l'aiment tant qu'elle a oublié un peu la capitale économique du pays.

Le jour du retour arriva. Raogo est accompagné à la gare avec Nabo, la petite sœur de Tiga. Le bus quitta Laafibé à 18h pour Bobo. Dans le véhicule, Raogo ne cessait de fixer avec désire Nabo. Après 2h de route, le bus fit une escale à Ouagadougou pour permettre aux passagers de se désaltérer. Nabo qui, pour la première fois découvrait Ouaga, suivait dans toutes les directions Raogo, l'ami intime de son frère. Après un long moment d'arrêt, le véhicule s'en alla sans Raogo, ni Nabo.

- Tu vois que le chauffeur a démarré sans nous, nous serons obligés de dormir à Ouaga pour reprendre un autre véhicule demain matin, annonça Raogo.

Certainement, c'était le vœu absolu de l'infidèle Raogo : passer la nuit avec la charmante Nabo. Il était déjà 23h. Une chambre fut louée à l'hôtel wabangma du centre-ville pour la nuit. La chambre ne contenait qu'un seul lit, ce que voulait d'ailleurs Raogo. Nabo avait peur d'être sur le même lit que Raogo.

- Viens dormir sur le lit ! Au village, c'est sur une natte. Rassures-toi, il n'y aura rien d'autant plus que ton frère et moi sommes comme des frères.

Etant donné que tout frottement crée des intentions, Raogo força Nabo à entretenir des rapports sexuels avec lui.

- Ne fais pas, s'il te plaît. Je suis souillé et tu sais bien que je suis une sœur pour toi. Les études ou rien, je dois faire la terminale l'année prochain.

- Non, calme-toi ! Tiga ne saura rien, laisse toi aller pardon. Tiens, j'ai 20 000f pour toi.
- Comprends moi s'il te plaît Raogo, reviens sur terre, je suis la sœur à ton meilleur ami, qui est aussi comme un frère pour toi.
- Oui, tu sais bien Nabo que nous ne sommes pas des frères de sang, même si nous sommes du même village.
- Arrête, je dis, sinon je vais…

C'est en ce moment que Raogo saisit Nabo et la serra contre sa poitrine.

- Tu me fais mal ; dit-elle.
- Ça va aller, tu vois que ça fait du bien.

Ne pouvant plus rien faire, Nabo s'est laisser-aller sous les caresses de Raogo. Elle commença à gémir et prononça le même leitmotiv : arrête, arrête, arrête… Raogo, le viril, comme un lapin ne s'intéressait à rien qu'à une seule chose : celle d'atteindre son orgasme. Il y parvient ainsi, laissa Nabo dans un état éhonté. Elle se plia comme si le froid était à son paroxysme ; la tête entre les jambes.

- Tu as pris ma virginité, tu m'as violé…
- Ne dis pas ces sottises, Nabo, lève-toi va prendre ta douche.
- C'est mon jour dangereux, la période d'ovulation, et le pire peut arriver, a réagi Nabo.
- Non ! y a rien en face, les premiers rapports nettoient l'intérieur de la femme. Prends ta douche, bientôt, il fera jour.

Un tel propos finit par rassurer Nabo qui se dirigea vers les toilettes. Elle venait à peine de sonner ses 17 ans.

Pendant ce temps, Raogo, resté au lit, se lança dans un monologue intérieur. Il pensait avec regret à ce qui venait de se produire. Si elle tombe enceinte, je suis foutu ; j'espère que ce ne sera pas le cas, s'interroge-t-il. Nabo revint trouver que Raogo était déjà dans un sommeil profond. Elle prit son pagne qu'elle étala ; son sommeil a été de courte durée lorsque les vrombissements des engins et véhicules ont repris sur le six mètres longeant le long de l'hôtel.

Soudain, Raogo se réveilla en sursaut. Pourquoi as-tu passé le reste de la nuit à même le sol ? Lèves-toi, nous partons à la gare, il est déjà 5h du matin. La fatigue d'hier ne lui a pas permis de prendre sa douche ; il se lava à peine le visage et se dirigea à la caisse. Après règlement de la chambre d'hôtel, Raogo et Nabo prirent la route de la gare à pied par manque de taxis à cette heure.

Ils arrivèrent quand le bus de 6heures amorça le départ à destination de Bobo.

Après 6 heures de routes, le véhicule arriva. A peine descendu du bus, Raogo accompagna Nabo chez son frère Tiga et l'informa que c'est son père qui lui a demandé de l'emmener pour ses vacances scolaires. Tiga s'est énormément réjoui, mais ignorait véritablement l'incident qui s'est produit entre son ami et sa sœur. Après deux mois de vie commune, Tiga constata un changement physique chez sa sœur. Il ne s'est pas empêché de poser la question :

- Dis-moi la vérité, qui est l'auteur de cette grossesse que tu portes. J'ai un flair qui ne ment pas.

C'est ainsi que Nabo se mit à couler des larmes en prononça le nom de Raogo. Raogo ? reprit Tiga.

- Oui, il m'a forcé à faire l'amour avec lui.
- Haa bon ! où est-ce que ces sales bêtises ont eu lieu ? A Ouaga, dit Nabo.
- Mais ce n'est pas vrai ! Raogo mon meilleur ami a pu me faire ça ? Je te donne raison Nabo. Tu n'avais pas le choix. Mais non ! Tu pouvais crier au secours. Bref, arrête de pleurer. De toute façon, demain j'irai voir Raogo.

Le lendemain, Tiga se précipita au lieu de travail de Raogo. Heureusement pour lui, il trouva que le camion de Raogo était en pleine révision. A la vue de Tiga, Raogo ne pouvait pas imaginer l'objet de la présence de son ami.

- Quel bon vent t'amène ici ? dit Raogo.
- C'est le vent qui a amené ma sœur et toi qui m'amène à ton lieu de travail.
- Mais Tiga tu es venu te bagarrer ou quoi ?
- Comme il est difficile de te voir à la maison, j'ai décidé de venir ici te faire des reproches.
- Quel genre de reproches, cria fort Raogo.
- Pourquoi cries-tu ? Donc tu es au courant dit Tiga.
- Je n'ai rien fait, c'est elle qui m'a provoqué et m'a forcé. Non, non, entre nous, tu sais ! un étranger surtout une femme a toujours eu peur de son hôte.
- Excuse-moi Tiga, je suis désolé.
- Ce n'est pas maintenant, le vin est déjà tiré, il faut le boire, répliqua Tiga. Nabo est enceinte de deux mois.
- Ce n'est pas vrai, une nuit seulement, et paaf une grossesse ?
- Haa bon ! C'est ce que dis ? Tu ne sais pas que la nouvelle peut arriver au village ? Et la colère des vieux peut s'abattre sur toi parce que tu as abusé d'une élève et de surcroît une mineure d'à peine 17 ans. Cela t'apprendra de coucher avec toutes celles que tu croises.
- Aide-moi Tiga, sinon je ne pourrai plus retourner à Laafibé, à cause de l'incident. Et pire, ma femme Abiba se trouve au côté de mes parents. Wouiii, je suis foutu, ne me laisse pas tomber frère, c'est parce que tu m'as considéré comme un ami sûr que tu es venu ici me faire des reproches. Si c'était une autre personne, la nouvelle tombera directement au village avant que je ne sache. En tout cas, Tiga mon destin se trouve entre tes mains.

- Tu connais maintenant le destin ? Quand tu faisais, as-tu pensé d'abord au futur ?
- Mais qu'est-ce que tu veux qu'on fasse Tiga ?
- C'est pour que tu prennes tes responsabilités.
- Non, non !, il faut qu'elle avorte, sinon si Abiba apprend…
- Quoi ? Si Abiba apprend !!! Tu engrosses l'enfant de quelqu'un et tu parles d'avortement ; ça ne va pas chez toi ou quoi? Il faut t'assumer. D'ailleurs, tu as gâché ses études ; il faut que tu prennes en charge ses études maintenant, papa ne va pas accepter qu'elle revienne avec une grosse un village. Et mets-toi dans la tête qu'elle logera chez toi pour la suite de la grossesse. Moi, je ne peux plus la garder au vu de son état. Tu sais mon cher ami, un homme s'assume car il est responsable des actes qu'il pose. D'ores et déjà, je vais informer les parents.
- En fait, Tiga, j'aurai en charge deux femmes Abiba et Nabo.
- Et après ?
- Ne fais pas ça, je m'engage à tout faire pour Nabo si tu acceptes qu'elle parte chez une de tes tantes.
- Non, pas question, elle restera chez toi. Abiba viendra la rejoindre. Il est presque 8h, il faut que je regagne le magasin.

Tiga vient de recadrer son meilleur ami sur la bêtise commise. Raogo se trouva dans une situation inconfortable : Sa future femme Abiba à Laafîbé et la grossesse de la sœur de son ami. Il finit par trouver un plan qui n'est autre que celui d'avorter.

Sachant que Tiga ne revient à la maison que le soir, Raogo profita passer proposer son plan à l'infortuné Nabo, qui ne trouva pas d'inconvénient. Il faut passer à l'acte à l'insu de son ami, se disent-ils.

Avorta, tel est le nom de la vieille reconnue en matière d'avortement dans la capitale économique. De son vrai nom Alphonsia, le surnom Avorta lui a été donné par les jeunes du quartier pour sa célébrité en matière de rupture de grossesse. Elle vit avec son fils de 10 ans dans un non loti. Dame Avorta est âgé de la soixantaine. À la voir, l'on lui donnerait la trentaine. D'un mètre 75, elle aime s'habiller en sexy. Rien n'est laissé au hasard ; chaque jour avec sa tenue. Le basin et le kôkô donda demeurent les tenues de prédilection. A la voir marcher, elle donne l'impression d'une candidate à la désignation d'une miss.

Ce que les femmes du quartier n'appréciaient pas chez Avorta, c'est son activité « faire couler les grossesses des jeunes filles » avec tout le risque que cela entraine. Malheureusement, elle vit de cette activité et soutient beaucoup de jeunes garçons du quartier. À plusieurs reprises, Avorta a été convoqué en justice. Sonné d'arrêter, elle a préféré changer de secteur pour continuer son travail.

Le plan d'avortement fut fixé, Raogo et Nabo se donnèrent rendez-vous le lendemain à 8h 30.

Raogo qui devrait charger les marchandises dit à son patron qu'il va se reposer pour quelques jours. Le patron très inquiet lui demanda.

- Je ne te paie pas bien ou quoi ? Tu es le meilleur de mes chauffeurs qui ne dégrade pas mes camions. Bon, je t'ajoute 10 000f de plus par chargement.
- Merci beaucoup patron du surplus, seulement je veux me reposer un peu pour deux jours ; je promets revenir le troisième jour.
- Ok, pas de problème.

Connaissant la position de son frère, Nabo ne lui dira rien du projet. Presser de partir au boulot, et très tôt le matin, Tiga laissa sur la table du salon la somme de 1000f pour la cuisine. Il vivait avec sa sœur dans un non loti de deux chambres salon qu'il a construit avec ses petites économies. A un 1 km de là, habitait également Raogo. Lui, aussi, disposait dans le non loti un chez soi du même format que son ami.

Au réveil, Nabo s'apprêta et rejoignit Raogo. A moto, ils arrivèrent chez Avorta, assise devant sa porte comme si elle attendait un client.

- Que puis-je faire pour vous mes enfants ?
- Nous sommes là pour que vous nous aidiez à faire couler une grossesse.
- Ce n'est pas un problème, c'est d'ailleurs mon travail. Cela fait combien de mois que tu es enceinte ?
- deux mois et demi maintenant, répondit Nabo.
- Ok, ce n'est rien. J'ai une poudre magique que tu vas écraser ; mettre le tout dans de l'eau tiède et boire d'un trait. Vous allez sentir une douleur passagère toute la journée ; le soir vous verrez qu' « il » va sortir. Pour la consultation et le produit, payez 30 000f.

Très rapidement, Raogo remit les 30 000 f et démarra à vive allure avec Nabo. Après avoir descendu, Nabo chez elle, Raogo continua directement à son lieu de travail.

- Que fais-tu ici ? Tu disais que revenais au troisième jour ?
- Patron, j'ai pu me reposer. Je suis prêt pour le chargement d'Abidjan.

Très rapidement, le camion fut chargé de sacs de haricot que Raogo doit conduire jusqu'à la côtière.

Le soir, Nabo a préféré attendre son frère pour lui en parler du projet de Raogo.

- Tiga, je suis navré de dire que Raogo et moi sommes allés chez Avorta pour faire couler la grossesse…
- Quoi ? Tu as osé…
- Non, non, je t'explique. J'ai pris le produit, mais je ne l'ai pas encore appliqué ; en fait…
- Donne-le-moi.

Nabo prit le sachet contenant la poudre magique qu'elle remit à son frère. Celui-ci, sans trop penser alla la jeter dans le WC, puis revint pour écouter la suite.

- Avorta dit que si je prends la poudre, j'aurai des douleurs passagères toute la journée avant que le processus ne se déclenche. À entendre cela, j'ai eu peur car en classe de 1^re^ D, lors du cours de SVT, le professeur nous disait que tout avortement non assisté laisse des séquelles, et cela peut provoquer la mort.

- Tu le savais, et malgré cela, tu as pris le risque.
- Je m'excuse grand-frère.
- D'accord, où est passé Raogo ?
- Il disait qu'il va continuer à Abidjan pour décharger de la marchandise.
- Il viendra me trouver ; ça ne se passera pas comme ça.

Pendant ce temps à Laafibè, tout se passe bien. Abiba était pressée de rentrer à Bobo. Environ deux mois et quelques jours qu'elle passa auprès de ses futurs beaux-parents. Tout le village appréciait Abiba tellement qu'elle s'occupait bien des parents de Raogo. Malheureusement, elle ignorait le sort qui l'attendait dans la ville de Sya. Son retour dans la deuxième grande ville du pays coïncidait avec le retour de Raogo d'Abidjan.

- Chéri, j'espère que tout va bien ici et que tu n'as surtout pas dérangé les petites filles du quartier.
- Non ! Et famille à Laafibè ? Va-t-elle bien ?
- Oui, oui, tout le monde se porte à merveille.
- Comme tu le constates, je viens d'arriver de la lagune Ebrié.
- Qu'as-tu apporté pour moi ?
- Je ne savais pas que tu arrivais, mais j'ai prévu une surprise pour toi, tiens.
- Qu'est-ce que c'est ? Des pagnes baoulé, de la banane plantain des chaussures. Hoo, que c'est gentil mon amour. Dis-moi, et Tiga comment va-t-il ? Et Nabo, sa sœur ?
- Ils vont tous bien.
- J'irai les voir ce soir.
- Non, pas question.

- Y a un problème ?
- Attends un autre jour, nous irons ensemble.

Le même soir à la descente, Tiga fit escale chez son ami et constata sa présence.

- Haa bonne arrivée Abiba, c'est depuis quand ?
- Merci, c'est aujourd'hui même.
- Pourtant Raogo ne m'a pas téléphoné que tu venais.
- Elle m'a surpris, à peine rentrée d'Abidjan, je la voyais aussi arriver. C'est vraiment une coïncidence.
- Abiba, et les parents à Laafibé, vont-ils bien ? demanda Tiga.
- Tout le monde se porte à merveille, tu as les salutations de tes parents. Ils disent que si tu peux libérer Nabo d'ici 20 jours, car c'est bientôt la rentrée à Laafibé.
- Ok, j'ai compris.

La panique se lisait sur le visage de Raogo, lui qui a osé enceinter la sœur de son meilleur ami.

- Raogo, viens s'il te plaît ! on doit se voir.

Celui-ci s'avança, la tête basse. Et Tiga de lui dire que Nabo a voulu avorter sous sa pression, et fort heureusement, le coup a été déjoué.

- Qui a osé enceinté cette mineure, intervenant Abiba d'une voix terrifiante. J'espère que ce n'est pas mon Raogo. Lui qui aime tirer sur tout ce qui bouge.
- C'est de ta faute Abiba, fallait rester avec moi que d'aller au village
- Donc c'est toi l'auteur ? Tu as enceinté l'enfant du ''procureur'', une mineure ? Tu vas croupir en prison. Salopard, bordel, je m'en vais. Je regrette d'avoir passé presque trois mois à Laafibé. Tiga, vraiment excuse-moi, Raogo et moi, c'est fini. D'ailleurs, j'irai poser plainte contre toi pour avoir abusé d'une mineure.
- Pas ça du tout, répliqua Raogo.

- Faux type comme ça ! qui ne sait pas maîtriser sa libido. Ecoute-moi bien : « Dieu nous a créé avec des besoins sexuels, ils sont bien réels. Nous devons être capables de les maîtriser pour ne pas plonger dans l'animosité ».

C'est ainsi qu'Abiba entra dans la maison, elle sortit toutes ses affaires, appela un tricycle et s'en alla, laissant Raogo et Tiga en discussion.

- Si le procureur est saisi, je ferai la prison. Aide-moi à l'éviter.
- C'est très simple, engage toi à prendre ses études en charge et à t'occuper de la grossesse et de l'enfant jusqu'à un certain âge.
- Je suis prêt à tout. Cette proposition vaut mieux que la prison. Merci Tiga, tu es un ami de valeur.
- Il faudra que j'explique le problème aux parents au village et recueillir également leur avis, répondit Tiga.
- Pardon cher ami, fais tout pour qu'ils acceptent ta proposition. Aide-moi à sortir d'affaire, sinon Abiba peut me créer des soucis, surtout si elle contacte un procureur.
- On verra, lui rassura Tiga.

Ces échanges furent à la fois un début de solution et le début d'une autre crise suite au départ d'Abiba. Cependant, Raogo était plus préoccuper par la sortie de crise entre son ami, Nabo et lui.

Très embarrassé, Tiga était obligé de porter l'information à Laafibé. Il téléphona à son père Kiswebsida pour lui relater les faits. Sous le choc, celui-ci exigea de traduire l'affaire en justice au regard du jeune âge de sa fille. C'est ainsi que Tiga lui fit la proposition convenu avec Raogo. Et le père d'exiger que Nabo aille habiter chez Sétou, une de ses tantes résidante dans la capitale économique. Tiga ne trouva pas d'inconvénient et porta la nouvelle à tante Sétou.

Ayant reçu la position de son père, Tiga téléphona son ami Raogo pour l'en informer. Contre toute attente, ce fut un policier qui décrocha l'appel.

- Bonjour Monsieur, c'est l'officier de police Marc au téléphone. Votre ami a été arrêté pour coups et blessures sur la personne d'Abiba.
- Coups et blessures ?
- Oui, passez, nous devons vous interroger.
- J'explique à mon patron et je vous rejoins.
- D'accord monsieur Tiga, à toute à l'heure.

## 2. Le baptême à problème

Le grand marché de Ouagadougou Rodwoko battait son plein ce jour-là. Les commerçants grands comme petits installèrent leurs produits au bord des allées. Le mot le plus répandu c'est : venez-voir, y a du joli. Ladji Mamadou était un des grands commerçants du marché ; il logeait au secteur 4 de Ouaga. Dans son quartier, il avait beaucoup de respect à cause de sa fortune et de sa générosité. Son souci est que sa femme Bella ne mettait au monde que des filles. Il avait au total 5 filles et sa femme portait une $6^{\text{ème}}$ grossesse. Trois de ses filles fréquentaient déjà un même lycée. La première en classe de $1^{\text{re}}$, la $2^{\text{nd}}$ en $3^{\text{ème}}$ et la suivante en $5^{\text{ème}}$. Ladji aurait voulu qu'entre ses enfants qu'il y ait des garçons pour l'aider dans le commerce et faire prospérer davantage sa fortune. Les trois filles allaient à l'école et revenaient ensemble. Revenu tout fatigué de son voyage de Lomé, Mamadou préféra se reposa pour regagner le marché le lendemain. Les 3 filles de retour ont trouvé leur père déjà de retour et l'ont souhaité bonne arrivée. Mais Ladji ne dira rien. On vous salue papa, dit la plus âgée des filles. Vous ne voyez pas que je suis fatigué ? D'ailleurs venez toutes ici.

- C'est à cause de vous que je serais un vieillot.
- Pourquoi père ? s'étonnèrent-elles.
- Parce qu'il n'y a personne parmi vous qui puisse m'aider à ventre mes marchandises et compter mon argent. Si par exemple j'avais un garçon, il pouvait vendre à Rodwooko pendant que je suis au port de Lomé pour des achats.
- Mais nous sommes capables de vous aider, dit Bintou, l'aînée des filles.
- Pas question, des filles dans mon magasin ? Mais vous rigolez, vous appartiendrai à une autre tribu et puis c'est cette tribu qui bénéficiera de mon argent et non pas la mienne. Regardez mon voisin Lamoussa,

maintenant il est à la maison et ce sont ses deux garçons qui gèrent ses deux grandes boutiques. Tous les soirs, ils lui font les comptes.

- Nous pouvons aussi gérer autant qu'eux pour vu que vous nous fassiez confiance père. Répliqua Leila, la benjamine des filles scolarisées.
- C'est faux, vous ne pouvez pas être en même temps gérante de mes boutiques et vous occupez de vos maris. Seulement, vos places c'est le foyer. D'ailleurs même, vos deux dernières sœurs ne seront pas inscrites à l'école. Vous au moins, vous avez eu la chance. Si j'avais un garçon, la classe de 3ème suffirait seulement pour qu'il m'aide dans mes boutiques.

Bella qui revenait du marché s'arrêta un instant et demanda.

- Y a quelle réunion entre mon chéri et ses filles ?
- Tu la fermes, répliqua Ladji.
- Qu'est-ce que j'ai encore fait ?
- Tout ça, c'est de ta faute ; tu ne me fais que des filles.
- Les filles sont aussi des enfants comme les garçons.
- Comment ça ? Tu t'imagines que si ces trois filles scolarisées étaient des garçons, est-ce que j'allais te parler ainsi ?
- Si tu es de mauvais humeur, ne met pas ça sur moi, ni sur les enfants. Venez mes filles, allez-vous changer.
- En tout cas, j'espère que cette sixième grossesse nous donnera un garçon ou bien Bella.
- Si Dieu le veut.
- Viens ma chérie, j'ai quelque chose à te dire. Demain matin avant d'aller au marché, j'irai voir le marabout Kassime pour qu'il consulte et implore ses génies afin que nous ayons un garçon.
- Ladji, tu as trop confiance au marabout du quartier. Beaucoup sont des escrocs, toutes les nouvelles les parviennent et pire ils te connaissent. Ils vont profiter de ta richesse.

- Laisse tomber, ce sont des demi-dieux.

Le lendemain comme prévu, et ce, malgré les maintes interpellations de sa femme, Mamadou se retrouva chez Kassime.

- Assalam alekooum ?
- Walekoum salam, entrez s'il vous, répondit le marabout.
- Merci, Je suis venu vous voir parce que ma femme porte une grossesse. J'ai besoin d'un fils.
- Ça va, n'allez pas loin, je vois là où tu veux en venir. Mes génies ne mentent pas, ils me disent que ta femme aura un garçon. Observe mes cauris celui-là est renversé, cela montre le signe précurseur d'un garçon.

Ladji n'attendait que cette réponse du marabout. Sa joie fut grande qu'il lui remit la somme de 25 000f. Kassime l'enfourcha très rapidement dans son boubou.

- Vous pouvez regagner le marché, je m'en charge du reste. J'oubliais, il faut un coq blanc et rouge comme sacrifice à un nécessiteux.
- D'accord, tiens les 10 000 f de plus et occupe-toi du reste.
- Encore merci Ladji, d'ici ce soir, je ferai le sacrifice.

Ladji avait toute l'assurance du médium que l'enfant qui naîtra de sa femme serait un fils. Il n'imagine même un instant que la femme puisse accoucher encore d'une fille.

Neuf mois sont passés et c'était le moment où Bella avait mal au ventre. Elle fut transportée à l'hôpital. Comme c'était dans la nuit, elle a dû être accompagnée par Ladji et Bintou. Le père et la fille attendaient sous le hall de la maternité du centre de santé publique pendant que les sages-femmes s'en pressaient de vite installer Bella. Jusqu'au matin, il n'y avait pas de nouvelle, alors Mamadou autorisa Bintou de rentrer pour l'école et d'informer la vieille Rouki afin qu'elle vienne assister Bella.

La vieille femme arriva et apercevra Ladji sous le hall.

- Bonjour Ladji, toujours pas de nouvelles ?
- Non ! les infirmières disent que le travail n'a pas encore commencé. Elles m'ont rassuré qu'elle accouchera dans les minutes qui suivent.
- Dans ce cas, rentrez, je m'en chargerai du reste.
- Pas de problème, je tiendrai informer ma sœur Mamou afin qu'elle vienne vous tenir compagnie.
- Compris, a réagi Rouki.

En sortant du centre de santé, Mamadou n'avait à l'esprit que cet enfant ne soit qu'un garçon. Lui qui ne voulait pas avoir beaucoup d'enfants en était obligé car le souci d'avoir un fils ne pouvait empêcher sa femme de procréer.

Contre toute attente, Bella accoucha d'une fille. La vieille Rouki devait rester avec elle dans une autre salle, le temps que bébé Bella ait d'autres soins vu son poids de 4 Kg. Dans la salle d'observation, en plus de ce bébé, il y avait d'autres nouveau-nés. Sur chaque berceau était marquée bébé suivi du prénom de la maman.

Très inquiète, et connaissant déjà la réaction de Ladji, Bella se leva tout doucement pendant que Rouki s'était endormie ; elle se dirigea vers la salle d'observation, ouvrit la porte et pénétra. Ne voyant personne, Bella très rapidement échangea son bébé de sexe féminin contre un autre de sexe masculin. A sa sortie, elle croisa une pédiatre à l'entrée qui lui demandait ce qu'elle voulait.

- J'ai mal au bas ventre, dit-elle.
- Mais ce n'est pas ici que tu dois venir, c'est l'autre porte d'à côté.
- Je ne savais pas madame, excusez-moi.
- Repartez dans votre chambre, je vais faire appel à la sage-femme.

Bella vient de poser un acte à l'insu de tout le monde. Pourra-t-elle s'échapper ? De retour dans sa chambre, elle trouva Mamou, la sœur de son mari, assise à côté de Rouki.

- On s'inquiétait, où étais-tu passé ?

- J'avais mal au bas ventre, donc je suis allée voir la soignante.
- Mais, il fallait me réveiller, répondit Rouki.

Mamou s'en pressa de demander le sexe de l'enfant à Bella.

- C'est un garçon.
- Dieu soit loué, mon frère Ladji n'attendait que ça.

Mamou sortit de la chambre et téléphona son frère, Ladji Mamadou.

- Frère, nous avons eu un garçon.
- Youpi, s'écria Ladji

Le cri a été tellement fort que ses voisins du marché accoururent pour voir ce qui se passait. Ils trouvaient Ladji en communication, avec un grand souri. Soudain, il s'aperçoit que les voisins étaient là suite au cri de joie émis.

- Je te rappelle petite sœur, j'ai des clients.
- Chers amis du marché, ce cri que vous avez entendu est la manifestation d'une grande joie que je ne pouvais pas cacher ; en fait, ma femme a eu un fils ce matin à l'hôpital. Comprenez mon émotion.
- Félicitations, félicitations, a laissé entendre l'auditoire. C'est normal, a ajouté le doyen Adama.
- Vous êtes d'ailleurs tous invités dans une semaine pour le baptême. Je vais de ce pas même porter la nouvelle à l'Imam du quartier pour qu'il n'oublie pas de communiquer la date du baptême à la mosquée.

Ne pouvant pas contenir sa satisfaction, Ladji démarra sa RAV4 pour constater de visu le sexe de l'enfant à l'hôpital. Arrivé, l'heure était pour la libération de Bella et du bébé. Ladji demanda à voir les sages-femmes où il ne put s'empêcher de leur tendre une enveloppe de 50 000f, tellement qu'il ne pouvait pas cacher sa joie.

Mamadou organisa la plus grande et belle fête de sa vie pour honorer l'arrivée au monde du petit Ladji. De grands musulmans venus de diverses contrées ont pris part au Baptême. Pour cela, Ladji a abattu un gros bœuf, fit appel à des artistes musiciens du terroir. Les invités ont répondu nombreux à l'invitation de Ladji.

Pendant ce temps à l'hôpital, c'était la panique. Où est passé bébé Sali qui était de sexe masculin devint subitement de sexe féminin. En effet, Sali a accouché au même moment que Bella, mais elle a dû changer de chambre pour une meilleure prise en charge. Bella profita de cette absence pour échanger son bébé avec celui de Sali.

De retour dans sa chambre, Sali constata avec stupéfaction qu'on lui a ramené une fille au lieu d'un garçon. Elle s'est mise à pleurer à grosse goutte, en criant dans tous les sens : « Mon bébé a été échangé, ouï ! Ouï ! Ouï ! way song ma ». C'est ainsi que toutes les sages-femmes furent alertées. Elles comprirent tout ce qui venait de se produire. L'heure est à situer les responsabilités.

Dr Jean Baptiste dit Bravo, chef de service de la maternité convoqua une réunion d'urgence avec les sages-femmes qui étaient de garde pendant la période d'accouchement de Bella et de Sali. Le cahier d'enregistrement notait les soignantes suivantes : Sandrine, Sadia, Denise et Fanta. D'interrogation à interrogation, Fanta se rappela qu'elle avait croisé à la sortie de la salle d'observation des bébés, dame Bella qui sortait également. Après vérification du cahier de maternité, l'on pouvait lire : « bb Bella **(fille),** poids 4kg ».

« bb Sali **(garçon),** poids 3,25kg ».

Dr Bravo avait l'assurance qu'il eut échange de nouveau-né dans la maternité et qu'il s'avère nécessaire de rétablir dame Sali dans ses droits. Cette dernière avait le soutien de son mari et même du quartier. Dr Bravo et une des équipes se mirent à la recherche de Bella, annoncé au secteur 4 de la ville. Pendant ce temps, l'autre équipe prenait en charge le bébé supposé de Sali, car celle-ci a refusé de lui donner son lait. Et pour cause, parce que l'enfant échangé ne provient pas de ses entrailles.

En parcourant les 6 mètres du secteur, l'équipe arriva devant une cour bourrée de monde à l'intérieur comme à l'extérieur. Aussitôt, deux filles de

Ladji accompagnèrent l'équipe de sages-femmes composée de Fanta et de Sadia dans le salon de marque. Le salon présente toutes les commodités possibles. Les fauteuils en forme ovale entourent une table vitrée, placée au centre du salon.

- Bonne arrivée dit Ladji aux hôtes.
- Merci beaucoup, répondirent-elles.
- Merci d'être venues au baptême de mon garçon, il s'appelle Wendkouni Achraf.
- Nous sommes venues pour d'autres raisons, répondit Fanta.
- Prenez d'abord l'eau de l'étranger avant que les échanges ne commencent.

Jusqu'à l'instant, Ladji n'est au courant de rien. A la vue de la sage-femme Fanta, reconnaissable par son teint doré comme une métisse, Bella compris tout de suite que les choses allaient mal tourner. Fanta, elle aussi a également reconnu Bella de par sa grande taille à l'image d'une basketteuse du NBA.

- Non, ça va Ladji. Nous venons au nom du service de la maternité pour vous tenir informer d'une situation concernant le vol d'un bébé de sexe masculin, a introduit Sadia, la collègue de Fanta.
- Attendez ! Je rêve ou quoi ? Je n'ai pas bien entendu.

Ladji Mamadou frotta très fort ses yeux comme s'il venait de se réveiller. Il racla sa gorge, se pencha, puis appela Bella. Celle-ci arriva avec le petit Achraf entre les mains entrain de téter.

- Assoie-toi, cria Ladji. Tu reconnais ces dames ? Elles viennent du centre de santé. Que tu as échangé ton bébé avec celui d'une autre femme. Est-ce vrai ?
- Non, non Ladji, c'est faux.
- Dis-nous la vérité, s'invita Fanta dans le débat. Rappelle-toi bien, je t'ai croisé dans la salle d'observation des bébés ; je suis convaincu que

tu as échangé ton nouveau-né à notre absence. Bref, donnez-nous le carnet de naissance de l'enfant.

Le carnet fut rapidement apporté et l'on vit mentionné : « bb Bella **(fille),** poids 4kg.

Fanta tendit ledit carnet à Ladji qui remit à Bintou, l'aînée de ses filles pour lecture. Celle-ci répéta la même mention : « bb Bella **(fille),** poids 4kg.

Contre toute attente, tout devint obscure devant Ladji qui s'écroula. Les sages-femmes se mirent très rapidement à le réanimé, mais hélas.

### 3. Dieu a un plan pour chacun

J'ai quitté les bancs de l'école après mon admission au certificat d'Etude Primaire. J'ai pris goût à l'argent. La recherche d'or était devenue mon quotidien. Plus de souffrance que de gain. J'ai mis toute mon énergie dans les profonds trous, mais je suis plusieurs fois sorti bredouille. Par contre, certains amis comme Salfo et Zaki ont fait fortune dans l'or. Aujourd'hui, ils roulent dans des RAV4 ; pleines de réalisations çà et là. A plusieurs reprises, mes deux amis m'ont fait appel pour m'aider, mais j'ai préféré volé de mes propres ailes ; car ces mêmes personnes iront raconter que tu n'es rien sans eux.

J'ai compris que dans la vie, les humains n'ont pas la même étoile. Pour certains brillent plus vite que d'autres. Ce fut mon cas.

Je me rappelle qu'un jour j'ai failli perdre la vie dans une galerie à la recherche du métal jaune. Ce jour-là, j'ai creusé de toutes mes forces. A un moment donné, je n'arrivais plus à respirer ; très rapidement, je me suis accroché à la corde. Ceux du dehors compris qu'il y avait un problème. C'est ainsi qu'ils mirent en marche le système de soufflage pour faire parvenir l'oxygène dans la galerie. Grâce à cette oxygénation, j'ai pu remonter à la surface et juré ne plus redescendre dans un trou.

Au début, descendre dans une galerie était le dernier de mes soucis. J'exerçais le métier de coiffeur auprès du site aurifère du village de Alga. Tous mes clients étaient des orpailleurs. Je faisais beaucoup de recettes ; malheureusement, mon gain restait très minime par rapport à ce que peut gagner un orpailleur chanceux.

Une fois, Salfo rentra dans un trou, et s'en sorti avec une grosse boule d'or. Après pesé, il empocha la somme de 50 millions. C'est au vu de ce montant obtenu par l'ami que j'ai fermé mon atelier de coiffure pour espérer aussi avoir quelques millions. Comme j'ai failli rester dans le trou ; à ma sortie, j'ai repris mon ancien métier de coiffeur. Je l'ai même agrandi. C'est en ce moment que je me suis fait une philosophie que ''Dieu a un plan pour chacun de nous'', et ''qu'il ne faut pas forcer son destin au vu de tout perdre''. Cette belle leçon est restée graver dans ma mémoire au point que quand j'apprends que tel ami ou connaissance a obtenu des millions dans l'or, aucun remord de ma part. Au contraire, je prie Dieu de mettre sa baraka dans ma petite entreprise de coiffure.

Au fil des années, j'ai pu réunir une forte somme d'argent. Ce qui m'amena à quitter le site d'Alga pour la ville de Kongoussi afin de mettre en place un de mes projets.

Mon premier projet a été la construction de ma maison personnelle, puisque je ne voulais plus rester en grande famille avec les parents. J'ai pu me construire une maison de 16 tôles sur un terrain non loti de Kongoussi où j'ai rapidement déménagé. Le second projet a été de m'inscrire au permis de conduire. C'est un rêve qui me tenait à cœur que je n'ai pas mis assez de temps pour valider le permis C poids lourd. Avec ce sésame, je pensais être recruté dans la mine industrielle de Bissa Gold, à 15 km de Kongoussi. Malheureusement, le manque d'expérience n'a pas pesé en ma faveur. À plusieurs reprises, ce fut la même chanson. Alors, j'ai commencé à tisser des relations dans la ville pour aussi avoir une expérience dans n'importe quelle société ou entreprise de la place.

Un jour, je me suis rappelé que j'avais un oncle du nom de Kadré qui était responsable de la Société de Transport Sana Rasmana (TSR). Je suis allé le voir et posé mon problème. Il dit ne trouvant pas d'inconvénient, mais il serait mieux qu'il en parle au patron de la société basé à Ouaga.

L'espoir était permis. Pendant ce temps, je n'avais plus d'occupation. J'avais complètement arrêté la coiffure, et pour cause le mal de dos lié à la longue station debout m'affectait.

En attendant l'appel de l'oncle, j'ai commencé a fréquenté un grin de thé de mon quartier. Taoudeni, tel est le nom du grin, regroupait des jeunes (fonctionnaires, menuisiers, maçons, etc.). L'objectif étant d'échanger des idées, de parler de la situation nationale, de se donner des conseils, de s'informer. Et cela se passe autour du thé taoudeni avec pour fakir principal, le doyen Nabi. Celui-ci est tellement professionnel à la préparation du thé que personne ne veut le remplacer. Malgré sa fonction d'enseignant, à la descente, Nabi fait un tour au grin pour apprêter le nécessaire (théières, charbon de bois, fourneau, eau,sucre, bancs, chaises, nattes) avant de rentrer chez lui et de revenir commencer la cuisson. Pendant, les jours ouvrables de la semaine, nous nous retrouvons à 17H et nous séparons autour de 19H. Quant aux jours non ouvrables, c'est de 16H à 19H. Il n'y a pas de protocole en ce qui concerne l'achat du thé, ce sont les membres du grin qui assurent l'approvisionnement. Ce qui est intéressant, c'est que chacun en venant au grin prévoit amener tout ce qui peut contribuer au fonctionnement du grin. Le grin Taoudeni est un rassembleur ; autour de lui, des joutes verbales sont au rendez-vous. L'on plaisante ensemble sans qu'il n'y ait véritablement une alliance ou une parenté à plaisanterie. L'humour est également un moyen de détendre l'atmosphère. Le grin que certains appellent aussi QG regorge des talents en matière d'humour.

Voici une de ces histoires racontées par l'humoriste du grin, Solo :

- Une fois trois prêtres décident de se confesser entre eux. Le premier dit : « Quand je vois une femme, habillée sexy qui passe devant moi, je ne peux pas m'empêcher de la regarder. J'ai même souvent envie de la draguer ». Le deuxième : « Chez moi, c'est encore pire. Vous voyez la dîme, c'est moi qui la récupère. Il m'arrive des fois que je soutire une partie et empocher sans que personne ne le sache ». Et le troisième de terminer en ces termes : « Chez moi, c'est tout à fait le contraire. Je me demande si peux mettre fin à ce comportement. Mon problème, c'est que quand on se confie à moi, je ne peux pas retenir ma langue, et je suis pressé de tout raconter ». Les deux premiers prêtres retinrent leur souffle, et l'un d'entre eux dit au troisième : « Mais dans ce cas, nous sommes foutus puisque tu vas raconter nos deux péchés, et progressivement la toile sera enflammée. Selon la bible, tu as obligation de garder les confidences ». « Ce qui est sûr, moi je ne vous ai pas obligé de vous confier à moi », répliqua le troisième prêtre.

Une telle distraction par le rire continue d'animer le QG. La renommée du QG a augmenté sa fréquentation par d'autres personnes venant d'autres quartiers de la ville de Kongoussi.

Un soir autour du thé, Félix, un membre informa le groupe que des concours de recrutement, à profil différent, sont lancés par la fonction publique. Il reçut le fichier PDF relatif au concours d'un de ses frères et la partagea sur la page whatsapp du grin.

Tout de suite, je téléchargeai le fichier et commençai à parcourir les pages. A la page 20, je lis ''recrutement de dix chauffeurs pour le compte du ministère de l'éducation nationale''. Très rapidement, je postule au recrutement de chauffeurs.

Mon oncle qui avait promis me revenir ne m'a pas rappelé. Je pars le voir, il me dit de continuer à patienter selon son patron. C'est là que j'ai compris qu'il y a des promesses qui n'aboutiront jamais, mais qui maintiennent malheureusement l'individu dans un espoir sans issu.

Je savais que pour réussir, il ne faut pas baisser les bras, et il faut saisir toutes les occasions possibles. Le concours à la fonction publique me tenait à cœur bien que le CEP soit mon dernier diplôme.

Vingt dossiers furent présélectionnés dont le mien. A l'entretien, j'ai pu répondre aux différentes questions posées, mais j'avais quand même peur. L'attente fut longue que je ne pensais même plus au concours.

Par le même Félix, le grin reçu l'information de la publication des résultats des concours lancés précédemment. Celui-ci partagea le fichier des résultats sur la plateforme du grin. Soudain, Solo l'humoriste s'écria : « les gras, je vois à la page 15 KANÉ Sayouba, récépissé 12244, né le 19 septembre 1990, admis au test des chauffeurs ».

Cela ne pouvait être que moi. Je me mis à sauter, à crier de joie. L'émotion fut forte. Soudain, je m'assis pour vérifier sur le portable s'il s'agissait vraiment de moi. Je pu lire exactement la même chose que Solo.

- Ça doit se fêter, dit un des doyens du grin, Hamidou, communément appelé vieux père.

Ma joie fut grande. Mes parents étaient aussi fier, car ils ne cessaient de répéter dans mes oreilles : « Ton âge est assez, cherche du travail ». Dieu merci, mon vœu a été exaucé.

Je devais embrasser ma nouvelle fonction de chauffeur du Directeur régional de l'Ouest. Mon acte de prise de service fut signé. J'avais la nostalgie des parents et surtout du grin. Je suis dans une zone diamétralement opposée à ma région du Nord ; la distance les séparant est très grande si bien qu'il est souvent difficile de m'y rendre, sauf en cas de mission avec le Directeur.

Petit à petit, je me suis habitué à l'environnement, au climat beaucoup plus favorable que celui du Nord.

Mon Directeur, d'un certain âge, est très respecté dans le service. Très comique, il plaisante avec tous les agents, même jusqu'au subalterne. Il aime s'habiller d'une manière simple. Sauf que les vendredis, il porte une tenue complète de basin pour honorer sa foi musulmane.

Nos missions sont nombreuses, à l'intérieur de la région et fréquemment à Ouagadougou pour des raisons de service. Ce qui m'irrite le plus, c'est que mon patron m'ignore à chaque fois que nous sommes en mission. Parce que, je suis un simple chauffeur, ou bien un moins que rien ou trop petit pour me considérer ? Ce sont des questions que je me pose régulièrement. J'ai compris une chose de lui ; il ne connaît pas la valeur d'un chauffeur pourtant c'est ce dernier qui te conduit partout. S'il n'est considéré, tout peut arriver en cours de route.

Lors des missions, pendant que certains Directeurs appellent leurs chauffeurs à se servir le repas amené par les organisateurs ou se rassurer si leurs chauffeurs ont eu quelque chose à manger, mon patron, lui ce n'est pas son problème. Je suis obligé d'aller dans les boutiques d'à côté pour acheter des biscuits pour calmer ma faim. Connaissant ses exigences, je reviens très rapidement au lieu de la formation pour éviter sa colère. Mon sort, mes collègues en parlaient, jusqu'au jour où mon Directeur me posa cette question : « M. KANÉ, vous passez le temps à m'incriminer auprès des autres chauffeurs. Que tu ne manges pas ; mais tu as une prise en charge ; je dois te nourrir ou quoi ? ». Non patron…

Ce que mon boss a oublié, c'est qu'il n'a pas tout dit de lui. Par moment, je suis contraint de dormir dans le véhicule parce que le coût de l'hôtel est élevé. Mes collègues, eux, leurs patrons allaient dans des auberges à prix social pour leur permettre de récupérer de la fatigue, liée à la conduite.

Quand je parle de ce que je vis à chaque mission à des agents de la direction, beaucoup n'en croient pas. Ce qui fait que je craints souvent les missions avec le patron. Régulièrement, je suis fatigué et ne mange pratiquement pas en temps de mission. Du coût, je commençai à perdre du poids, jusqu'au jour où j'ai dû être hospitalisé à l'hôpital.

C'est à mon réveil le lendemain que je constatai que j'étais dans un centre de santé. En effet, la veille, la seule chose que je retins est que j'ai conduit le Directeur jusqu'à Ouagadougou devant le bâtiment de l'atelier de formation. Dès que j'ai ouvert la portière, je n'ai plus rien vu si ce n'est à l'hôpital. Après examen, il ressort les signes suivants : fatigue, tension élevée, manque de sommeil. Des produits furent prescrits et un repos d'une semaine m'a été accordé. Ce jour-là, mon patron est resté à mes côtés. Il a tout assuré comme examens et ordonnances. On aurait pu éviter s'il m'avait considéré. Deux jours après, j'ai été libéré. Afin de continuer la convalescence, le Directeur a préféré que je regagne le poste pour mieux me reposer. Pendant ce temps, il fit venir le chauffeur bénévole du service pour la suite de la mission. Le reste des cinq jours de repos m'a fait du bien. J'ai pu bien me remettre.

Pensant que ma crise allait servir de leçon à mon premier responsable, il a continué dans la même bêtise. Pour lui ma tâche, c'est de le conduire où il veut, le reste ce n'est pas son problème.

De retour d'une mission dans une commune de la région, j'ai dû garer et monter dans un raisinier pour consommer ses fruits, tellement que j'avais faim. Mon patron a observé la scène du début jusqu'à la fin. Il n'en croyait pas à ses yeux. Après 30 minutes dans l'arbre, je descendis puis regagna le véhicule.

- Qu'est-ce qui se passe, tu n'as pas mangé ?
- Où ? Répondis-je
- En ville ?
- Non Directeur, soyez humain, vous ne me donnez pas l'occasion de me restaurer. Même si vous ne voulez pas que je profite du déjeuner de votre atelier, permettez-moi quand même de sortir avec le véhicule pour aller chercher à manger. Regardez comment je suis différent des autres chauffeurs. Ils sont bien épanouis plus que moi. Il faut que vous changé d'attitude.

C'était tellement vrai que mon patron n'a plus rien dit. Il s'est excusé parce qu'il ne pouvait pas comprendre que quelqu'un de mon âge puisse monter dans un raisinier à fruits pour calmer sa faim. J'ai pu lire l'amertume sur son visage. Peut-être qu'il changera suite aux observations que j'ai faites. Effectivement, depuis cet incident, le Directeur m'a pris comme sa deuxième femme. Il ne s'éloignait plus de moi. Par moment, nous occupons la même chambre d'hôtel avec deux lits. J'étais devenu comme un collègue à lui, à tel enseigne que mes collègues chauffeurs m'enviaient. Ceux-là qui pleuraient mon sort voulaient me ressembler.

Lors d'une mission au Nord, le bosse a insisté à connaître ma famille. Ainsi, à la fin de l'atelier, nous avons été voir mes parents, qui étaient très content de lui. Il n'a pas pu s'empêcher de me tendre un billet de 10 000 f pour mon papa. Les parents l'ont remercié en le couvrant de pleine de bénédictions.

Aimant prendre du thé, j'ai proposé à mon patron de faire un tour dans le grin Taoudeni de mon quartier. Il n'a pas trouvé d'inconvénients et a même acheté plusieurs paquets de thé Taoudeni et du sucre pour le QG.

Arrivés au grin autours de 17H, le Directeur et moi sommes descendus. Tous les ''griniers'' se sont levés pour saluer mon patron tellement qu'ils se sont sentis honorés, surtout par les paquets apportés. Je fis rapidement les présentations. A la suite de ma présentation, mon bosse prit la parole :

- Les jeunes, ne vous sentez pas gêner. Au contraire, je suis content de prendre le thé avec vous grâce à votre cher ami KANÉ. C'est la première fois que je bois un thé du Nord que je trouve aussi meilleur que celui de l'Ouest que je connais bien. A ma prochaine mission, je vous enverrai beaucoup de cacahuètes. Je constate qu'ici, vous ne l'associez pas assez au thé.
- Merci beaucoup, Monsieur le Directeur répondirent les ''griniers''.

Après quelques minutes d'échanges, je déposai mon patron à son hôtel. Pour une première fois, il m'autorisa à passer la nuit avec le véhicule en famille.

- KANÉ, nous sommes déjà en fin de mission. Comme ça fait longtemps que les parents t'ont manqué, va passer la nuit avec eux, et demain matin à 5H tu reviens pour le départ à l'Ouest.
- Grand merci Directeur.

A vrai dire, c'est maintenant que j'ai commencé à apprécier mon patron. Je ne le reconnais plus. Bref, mon Directeur, c'est le parfait homme. Il sait vraiment que j'existe. Et moi aussi, je suis conscient que je conduis un premier responsable aux qualités humaines.

Je regagnai alors le grin que j'ai quitté depuis un moment pour raison de service. Nous nous sommes séparés autours de 19H30. C'est ainsi que je puis rentrer en famille, chez les parents qui étaient surpris de me voir sans le patron. Je leur ai fait comprendre qu'il m'a permis de venir passer la nuit avec eux et de revenir le lendemain tôt le matin. Ce fut un moment d'échanger avec la famille

autours de plusieurs sujets. J'étais fier de cette mission qui m'a permis de me ressourcer.
A l'heure prévue, je trouvai mon bosse déjà prêt à m'attendre. Nous bougions à 5H10 minutes. Suite aux multiples contrôles liés à la crise sécuritaire du pays, nous arrivâmes à 17H. Je déposai mon patron à domicile, continua garer le véhicule au service et pris ma moto pour regagner mon domicile.

De toutes les missions, c'est la dernière, celle du Nord, qui m'a le plus marqué. Le lendemain qui était un jour ouvrable, je ne pus m'empêcher d'entrer voir le Directeur pour lui témoigner toute ma reconnaissance pour ses gestes à l'endroit de mes parents et du grin. A la direction, l'on pouvait remarquer ce changement en moi, à tout point de vue. Je sentais la vie en moi. J'ai aussi commencé à faire des réalisations. J'ai pu m'acquérir une parcelle à l'Ouest sur laquelle est sortie une maison de trente tôles. J'ai fini par épouser une bobolaise avec qui nous avons eu trois enfants. Grâce aux missions, j'ai pu économiser plusieurs mois de salaires ; ce qui facilitait mes investissements. Régulièrement, j'envoyais de l'argent à mes parents via orange money ou mobicash.

Le Directeur m'appréciait pour mon exemplarité. Une fois lors d'une tournée, il me fit une confidence sur un de ses chauffeurs qu'il a connu à l'Est.

- Yeboido, est ce chauffeur qui m'a marqué négativement. Il est très différent de toi. Lui, il investit dans l'alcool et dans les femmes. L'apparence est trompeuse. Yeboido donne l'allure d'un homme parfait. Figure-toi bien qu'il a quatre enfants de mères différentes. J'ai remarqué que ces enfants sont issus des missions allant de 10 à 14 jours de séjours. J'ai fini par le surnommer le ''caïd'' pour le taquiner. Bref, c'est sa vie privée. Mais côté conduite, rien à reprocher comme toi ; seulement, il fait la vitesse et évite rarement les obstacles. Du coup, le véhicule est régulièrement au garage. C'est pour te dire KANÉ de maintenir le cap, tu es sur le bon chemin.

C'est là que j'ai compris pourquoi mon bosse se comportait mal avec moi à mes débuts. Finalement, il a su que j'étais très différent de Yeboido. La prudence du Directeur à mon égard m'a failli coûter cher. Heureusement qu'il est revenu à la raison. Aujourd'hui, nous sommes devenus les meilleurs collaborateurs de la direction.

Un mercredi soir, de retour d'une mission de Ouagadougou, j'ai appris par mon bosse qu'il a été nommé Secrétaire Général du ministère en charge de l'éducation et qu'il a deux semaines pour cesser service et rejoindre le nouveau poste.

- Félicitation Directeur, Dieu ne dort pas. Vous méritez plus que ça. Vous êtes un grand bosseur, serviable et très humble.
- Merci KANÉ, j'en suis flatté.

Du fond de moi, son départ va créer un vide surtout pour moi. Mais comme l'administration est une continuité, j'espère que le nouveau promis sera à la hauteur et que je bénéficierai de sa gentillesse comme le précédent. Je monologuai dans mon fort intérieur si bien que je ne me rendis pas compte que le Directeur me parlait au volant. Il n'a pas non plus insisté. Soudain, je constatai que mon patron me parlait, puis je dis directeur qu'est-ce que vous dites ? Il comprit tout de suite que je ne le suivais pas. C'est là que je lui dis qu'en fait, je pensais à la nostalgie qui m'affectera après son départ.

- KANÉ, c'est vrai que tu étais à ton premier directeur, mais rassure toi que le nouveau n'a pas de problème. Il vient de la région du Sud. Tu le trouveras cool. D'ailleurs, je lui parlerai de tes qualités.
- Merci beaucoup Directeur.

La passation de service fut un moment très fort. À la fin, je devais conduire le nouveau Directeur. Mon ancien patron s'approcha du véhicule et dit :

- Cher Directeur, ce chauffeur, tu ne regretteras pas. Je n'en dirai pas plus.

Le regard de mon ancien boss m'a croisé que j'ai fini par versé des larmes.

## 4. Triste fin d'un enseignant de brousse

Conscient de ce qui nous attendait et pour ne pas chômer, nous étions 4600 candidats à postuler au concours de recrutement des enseignants du primaire. Nous avons organisé des réunions pour empêcher le déroulement du concours et plaider à ce que la fonction publique intègre tous les postulants. Malheureusement, le ministère est resté sur sa position. Le jour même de la composition, des groupes se sont constitués dans les divers centres pour boycotter le concours, mais c'est sans compter avec la réaction aux gaz lacrymogène lancés par la Compagnie Républicaine de Sécurité (CRS). Certains de nos collègues ont été arrêtés et conduit à la gendarmerie ; d'autres par contre ont subi des coups de matraques. Je me rappelle que lorsqu'on se sauvait au coup de gaz lacrymogène, une candidate est tombée dans un canal. Toute sa robe était recouverte de boue. Après ce tohu-bohu, le calme semble revenu. Ainsi, des élèves maitres, chassés par la CRS revenaient dans la cours de composition pour se rassurer si la composition aura lieu ou pas.

Certains comme moi sont retournés prendre leurs engins et vélos garés au parking. Pris de peur, près de 1 000 candidats ont préféré regagner leur domicile en se disant que la composition n'aura plus lieu.

Contre toute attente, il était 11h30 lorsqu'une RAV 4 pénétra de toute vitesse dans le lycée philippe Zinda Kaboré de Ouagadougou faisant descendre une cantine contenant les sujets.

« Celui ou celle qui ne veut pas composer le test de recrutement, qu'il sorte tout de suite du lycée », disaient les CRS. C'est ainsi que les surveillants ont commencé à procéder à l'appel des candidats inscrits sur la liste. Le premier groupe à vouloir composer représentent les inscrits sur titre, appelés couramment les inscrits à titre parallèle. Ces derniers étaient prêts à composer. « Mon père a déboursé une forte somme d'argent pour mes deux ans de formation à l'Ecole Nationale des Enseignants du Primaire (ENEP) de

Loumbila, pourquoi refuserais-je de composer ? Je le ferai, tant pis pour celui qui ne veut pas composer », propos de Yacouba, un inscrit sur titre. Le deuxième groupe auquel j'appartiens était constitué de candidats recrutés par la fonction publique pour être formés dans les ENEP du Burkina Faso. Ces derniers estiment que ce test de recrutement ne les concerne car cela représente aux yeux de tous comme un test de trop, étant donné que la fonction publique les a déjà recrutés.

La tension qui était tendu a commencé par se calmer, les candidats regagnaient progressivement leur salle de composition. Même ceux qui marquaient leur refus sont entrés en salle étant donné que leurs camarades ont décidé de composer. La composition a commencé à 12h15mn pour ne finir qu'autour de 18h. Plusieurs rencontres ont été organisées à Ouaga afin d'annuler ledit concours. La tension venait de ceux-là qui n'ont pas pu composer suite à la descente musclée de la CRS, les obligeant à regagner leur domicile. Sur 4600 candidats inscrits seulement 3600 ont pu composer. La majorité a donc prit part au concours. Il était donc impossible d'invalider le concours.

Je fus admis au test de recrutement des enseignants du primaire ; également mon meilleur ami, Nikièma. Passé ce moment difficile de recrutement, un autre calvaire nous attendait, les affectations. Nous avons été affectés dans des villages profonds sans le moindre sou. En effet, comment veut-on qu'on aille en guerre sans arme en main ? Nous étions obligés de nous endetter tout en sachant que ce pourrait être un faux départ pour un fonctionnaire débutant. Nikièma fut affecté à Béfou et moi à Lounga dans le Sahel. C'est un calvaire que Nikièma et moi allions vivre. Nous qui étions des habitués des belles choses de la ville allions nous retrouver dans des villages où presque tout manque. Sauf pendant les congés et vacances que Nikièma et moi pouvions nous retrouver. Chacun faisait part de son séjour dans son poste.

Je pris service le 18 octobre à l'école primaire publique de Lounga. Nous sommes au total trois enseignants, deux hommes (directeur et moi) et une femme.

Je tenais la classe de CP1. Les élèves de ma classe s'intéressaient peu à mes leçons. Pourquoi ? Pourtant, je prenais le soin d'appliquer les enseignements reçus à l'école de formation et pendant le stage. Je me posai plusieurs questions. Mais, c'est peu de temps après que j'ai compris qu'il y avait un site aurifère non loin, à 3km du village. D'une manière générale, les élèves venaient quand ils voulaient. Alors, je mettais l'accent sur leur assiduité, ponctualité, mais cette mesure que j'ai prise aggrava même la situation. Sur 32 élèves, je me retrouvai avec 12 à la fin du premier trimestre. Combien allait-il rester au 2 et 3 trimestres ? me demandai-je. J'ai fait cas au directeur qui m'avait prévenu dès le début. Dans sa classe de CM2, il n'avait que 10 élèves.

- Nous allons faire avec, ce n'est pas de notre faute si les parents sont aussi complices de la situation de leurs enfants, m'a signalé le directeur.

Au début de l'année scolaire, le directeur était obligé de rentrer dans les villages afin d'amener les parents à inscrire leurs enfants au CP1. Sur près d'une centaine d'enfants en âge scolaire, seuls 32 enfants ont été inscrits. La cause réelle de ce désintéressement des enfants à l'école est sans conteste la proximité du site d'orpaillage traditionnel. Les élèves préfèrent aller se procurer de l'argent au site aurifère de Liguidi. La tâche qui leur remportait facilement de l'argent était la vente de bidon d'eau sur le site. Un élève pouvait se retrouver avec 1 000 ou 2 000 f cfa grâce à la commercialisation des bidons d'eau de 20 litres.

La consommation en eau dans le site est très élevée. Un orpailleur pouvait consommer en moyenne une barrique d'eau par jour. Non seulement, l'eau achetée servait à boire ou à se laver, mais permettait aussi aux orpailleurs à rechercher des débris d'or mélangé à de la terre. C'est un exercice très délicat, car l'on pouvait passer cette séance sans le moindre gramme d'or. Les chercheurs du métal jaune achetaient des sacs vides de 100Kg qu'ils remplissaient de terre creusée dans les collines afin de pétrir le contenu dans l'eau sous une tente bâtie. En effet, un petit campement du nom de Liguidi a vu le jour près du site, tout simplement pour permettre aux orpailleurs de ne plus s'éloigner de leurs sacs sous peine de se faire voler. Les jeunes veillaient sur leurs sacs à la tombée de la nuit, d'autres même se couchaient sur les sacs qu'ils classaient horizontalement ou verticalement. Seuls les plus nantis achetaient une partie du site en employant des manœuvres qui creuseront en leur nom. Beaucoup d'entre eux sont devenus des fortunés. Certains se sont achetés des motos enviée au pays (135, 150, crypton, aloba, yorobo...). Des vendeurs et même des prostituées se côtoyaient sur le site de Liguidi. Les vendeuses de riz, de tôt et bien d'autres mets et objets avaient leur époux sur le site. Mais les prostituées venues d'ailleurs vendaient leur libido aux jeunes orpailleurs moyennant une somme forfaitaire. Tout se trouvait sur le site de Liguidi. Les commerces venaient de part et d'autre. Liguidi ressemblait à un no man's land, chacun pour soi et Dieu pour tous. Et dans cette situation, ce sont les élèves de Lounga qui subissent les conséquences de l'orpaillage.

Nos élèves sont devenus méconnaissables de par leurs comportements. Une fois, un élève de ma classe, ignorant ma présence en salle ne s'est pas empêché de dire en ces termes en langue *moore* : « *kobga Liguidi n son Karsaam gore* » pour ainsi dire que « avoir 500f à Liguidi vaut mieux que la craie du maître ». L'impolitesse caractérisait les scolaires de Lounga. Ils sont tous devenus des *rabiisi* (enfants de marché).

Au deuxième trimestre, il ne me restait que 6 élèves au CP1, le directeur n'avait que 8 au CM2 et la maitresse 10 au CM1. Nous étions tous dépassés par les évènements. Le directeur a même adressé une correspondance au Chef de circonscription, qui s'est déplacé à l'école et dans le village pour échanger avec les notables sur la déperdition des élèves du village. Malgré les sensibilisations, la situation n'a pas évolué. Les parents eux-mêmes sont complices car le travail mené sur le site par les enfants les profitait, surtout par le gain obtenu suite aux tâches exécutées. Afin d'encourager le personnel enseignant que nous sommes, l'inspecteur, chef de circonscription a suggéré de continuer les cours avec le peu d'enfants qui restent. Franchement dire, le dévouement que chacun de nous avait a complètement disparu à cause de ce qui se produisait sous nos yeux.

De nous trois, sauf la maitresse avait un époux qui venait lui rendre visite. Le directeur et moi étions tous des célibataires. Du reste, il avait une cousine qui vivait avec lui et était en classe de CM1.

Depuis que j'ai quitté Ouaga, je mangeais rarement le tô, mon plat préféré. Heureusement que par moment, Nadia, l'institutrice pensait à nous faire un plat de tô. Nous formions à trois une équipe soudée. Les jours non ouvrables, on se retrouvait chez le directeur pour échanger autour du thé.

Tout se passait bien jusqu'au jour où mon directeur a tenu ces propos :

- Tu vois cher collègue Issaka, si les élèves fuient l'école pour chercher de quoi dans le site, ce n'est pas nous qui allions rester ici. Notre salaire est tellement maigre qu'on n'arrive pas à résoudre nos problèmes. Par exemple, nous pouvons engager des jeunes qui vont creuser à notre nom comme le font certaines personnes sur le site.
- Monsieur le directeur, ce que vous dites est vrai, nos conditions ne sont pas reluisantes, mais nous courons d'énormes risques, car nous ne pouvons pas être à la fois en classe et en même temps au site. C'est vrai que je n'ai pas encore perçu mon premier salaire, mais je préfère m'abstenir.
- D'accorde c'est ton point de vu. Moi, je vais tenter ma chance.

C'est ainsi que mon directeur s'est retrouvé au site de Liguidi. Il venait alors d'activer le début de ses problèmes malgré mes conseils, appuyés de ceux de la maîtresse.

Jonas, mon directeur s'est taillé le surnom de ''directeur Zo'' à Liguidi. Son salaire du mois était investi dans le site. Il avait espoir qu'un jour, la richesse frappera à sa porte par le biais de l'exploitation traditionnelle de l'or. Les absences à répétition de Jonas dans sa classe a fini par inciter les 8 autres enfants restant à ne plus venir en classe. Ce fut l'occasion pour le directeur de passer des journées entières sur le site d'orpaillage.

Directeur Zo qui ne buvait pas l'alcool est devenu subitement un ivrogne. Ses investissements au site ne lui ont rien rapporté, au contraire des écarts de comportements. Sa cousine qui était dans sa classe a fini par intégrer la classe du CM1 de la collègue. Cette dernière subissait des châtiments corporels de son oncle toujours sous l'emprise des boissons frelatées. Ainsi, pour sauver l'enfant, la collègue Nadia l'a récupéré. Sonia a résidé chez l'institutrice comme sa tutrice jusqu'en fin d'année scolaire.

Avant la fin de l'année scolaire, une mission de l'inspection était de passage à l'école pour s'enquérir des nouvelles de l'école. Malheureusement, et comme d'habitude, Jonas avait enfourché sa moto crypton pour Liguidi. Des consignes nous ont été données afin qu'il se présente à la circonscription au plus tard le lendemain. Ce qui fit fait. Mais notre directeur Zo a refusé de s'y rendre.

- S'il (parlant de l'inspecteur) veut qu'il coupe mon salaire, d'ailleurs je me sens mieux à Liguidi qu'à Lounga.

L'heure devenait grave pour mon directeur, il n'est plus lui-même. J'ai contacté un de ses proches afin qu'il le raisonne, mais peine perdue. Il ramenait régulièrement les nuits dans son logement à l'école une fille de joie. Les choses se sont dégradées lorsqu'une nuit des jeunes du village sont arrivés avec des gourdins pour en finir avec Jonas. Et la raison avancée : c'est que Directeur Zo aurait entretenu des rapports avec une femme mariée du village et qu'il devait quitter à l'instant même Lounga. Voici comment mon directeur a dû s'esquiver nuitamment pour se retrouver au chef-lieu de la province. Il n'a pu rien emporté, si ce n'est sa moto et les vêtements portés.

Informé le lendemain, l'inspecteur et son équipe se sont déportés à l'école de Lounga. Nous leur faisons savoir que le directeur a choisi de fuir que de se faire lyncher par les jeunes du village, l'accusant d'avoir forniqué avec une femme du village. Acte qui est interdit dans la localité. Après nous avoir écouté, le chef de circonscription a aussi pris le soin d'entendre la version du village. Ainsi, le conseiller de Lounga fit savoir à la délégation que Directeur Zo ne pouvait plus rester à l'école du village, car il deviendra un rival pour eux et que la solution serait de quitter le village et ne plus y mettre pied. En bon manager, l'inspecteur a présenté les excuses de la circonscription pour entrave aux mœurs d'un de ses enseignants. Il a promis réparer le tort par l'affectation prochaine d'un nouveau directeur. De retour au chef-lieu de province, l'inspecteur entra en contact avec Jonas. Celui-ci reconnu l'acte posé, mais ignorait que la femme en question était mariée dans le village. Deux lettres d'explication lui ont été demandées : le refus de répondre présent à l'appel du premier responsable et le départ forcé de l'école de Lounga. Deux lettres que doit écrire Jonas pour se déculpabiliser. Est-ce possible ? Le directeur a vraiment le dos au mur.

Nadia et moi pensions que ce serait une occasion pour le directeur de se ressaisir. La fin d'année ayant sonné, pendant que ma collègue ramenait la cousine de Jonas, moi je transportais ses bagages, étant donné qu'il lui est interdit de fouler le sol de Lounga.

La nouvelle année scolaire a démarré avec l'arrivée d'un nouveau directeur à l'EPP Lounga pendant que Jonas a été affecté à l'inspection. Pour marquer son attachement au changement et à l'éveil de conscience, le chef de circonscription a entamé sa rentrée pédagogique par Lounga. Ce fut l'occasion pour lui de sensibiliser une fois de plus les parents du village sur la nécessité d'inscrire massivement leurs enfants en âge scolaire et non de les encourager à aller sur le site de Liguidi.

### 5. Entre réussite et désolation

Le lac Jeu à quelques 10 km de Milo constitue une source d'approvisionnement en divers produits de contre saison de la grande ville. Sidsoré, après l'échec au baccalauréat n'a trouvé de solution que de se lancer dans la culture maraîchère. Il s'est dit que l'école n'est pas la seule voie de réussite ; que mener d'autres activités pouvait l'amener à ne pas regretter de son échec scolaire. Si beaucoup d'élèves de son âge abandonnaient l'école pour l'orpaillage, lui, il a préféré pratiquer l'agriculture, particulièrement la production d'oignon et de tomate pendant la saison sèche.

Le début n'a pas été aisé. Sidsoré a contacté à plusieurs reprises des coopératives afin de bénéficier une aide financière pour l'achat de machine à pompage et des semences. Le village de Jeu avait une coopérative qui fonctionnait à peine. Sidsoré n'a pas hésité à demander son intégration au sein de la coopérative du village. Il s'est plusieurs fois porté volontaire pour représenter Jeu à Milo lors des différentes rencontres avec d'autres associations œuvrant dans le secteur agricole. Ce sont ces opportunités de rencontres qui ont permis à Sidsoré de s'outiller en technique de production agricole. Une fois, les capacités acquises, il a commencé à approcher certains projets afin de mettre en place son savoir-faire. Malheureusement, ses sollicitations sont restées lettres mortes à tel point qu'il a voulu se lancer à la recherche du métal jaune comme l'ont fait des jeunes de son âge. Sidsoré va tenter par ses propres moyens. Pour ce faire, il a profité de la nouvelle saison des pluies pour agrandir le champ familial dans l'espoir de faire de bonnes récoltes, synonyme d'achat de moto pompe et semences.

La même année, la saison fut bonne pour Sidsoré. Il a obtenu deux sacs et demi d'haricot et trois sacs de mil. Très vite, il écoula sur le marché de Milo deux sacs d'haricot et un sac de mil pour une somme de 75 000 F CFA certes, une fortune pour lui, mais insuffisante pour s'acheter une moto pompe. Il s'y rendre quand même à la boutique pour mieux s'enquérir des prix. Il y avait de toute sorte : 110 000 F CFA, 250 000 F CFA, 180 000 F CFA.

- Sidsoré, comment va ? que fais-tu ici ?
- Ça va Jacques, je suis à la recherche d'une moto pompe.
- Une moto pompe ? Tu es devenu agriculteur ou quoi ? Je te pensais encore sur les bancs ?

Jacques était un ami de classe de Sidsoré, lui aussi, a abandonné les classes pour aider son frère aîné dans le commerce.

- Oui, je compte me lancer dans la culture maraîchère chez moi à Jeu. Et j'ai besoin de cet engin pour arroser les plantes.
- Ok, il y en a de tout prix, c'est même mentionné. Lequel t'intéresse ?
- Pour 110 000 F CFA. Mais je n'ai pas la totalité. Je viens de vendre mes récoltes toute à l'heure ; malheureusement, je n'ai pas pu réunir l'argent de la moto pompe.
- Tu as combien ? Je vais convaincre mon grand frère que tu es un ancien ami de classe et que le complément viendra à la fin de ta production.
- Merci Jacques, ça me fera plaisir ; j'ai au total 75 000 F CFA. Honnêtement, si je donne tout cet argent, je n'aurai plus rien. Permets-moi de te remettre 60 000 F FCA pour le moment, et comme tu l'as dit, le restant viendra après.

Jacques me laissa seul un instant, se dirigea vers son grand frère assis du côté opposé pour encaisser les recettes des achats. Il tenta de le convaincre de la faveur qu'il a bien voulu accorder à son ami de classe. Le grand frère ne trouva pas d'inconvénient, étant donné qu'il a placé sa confiance à son jeune frère qui, depuis son arrivée les affaires ne font que prospérer.

- Sidsoré, mon grand frère a accepté la proposition. Donc tu peux prendre ladite moto pompe comme convenu.
- Encore merci Jacques, c'est Dieu qui a bien voulu me placer sur ton chemin.

C'est avec grande joie que Sidsoré quitta Milo pour Jeu avec son outil agricole en plus de quelques semences achetées.

Sans attendre, Sidsoré se mit au travail. Il hérita d'une superficie familiale au bord du lac. Tous les natifs de Jeu ont au moins une portion de terre autour du cours d'eau. Une faveur qui a été accordée par un des chefs du village durant son règne. Ce dernier s'est rendu compte que la solidarité au sein de la communauté viendra du partage du peu que Dieu et les ancêtres ont légué. C'est ainsi que la famille de Sidsoré a bénéficié d'un espace agricole d'un hectare. Un espace sous exploité qui est devenu en moins de deux mois après la saison hivernale un grand champ d'oignon, de tomate, de choux et d'aubergine. Pour une première expérience dans le maraîchage, Sidsoré a pu se frotter les mains. Il a pu s'acquitter de toutes ses dettes et acheta une autre moto pompe chez son ami Jacques en vue de perfectionner sa production.

L'année suivante, Sidsoré a investi sur l'achat d'engrains, et avec les deux pompes, il parvint une fois de plus à rentabiliser avec un grand bénéfice lui permettant de s'offrir un tricycle pour l'écoulement de sa production à Milo.

Dans la foulée, il épousa son ancienne compagne Minata. Ce fut une grande fête ce jour-là.

À moins de quatre ans, Sidsoré est devenu le plus grand agriculteur de son village. Ses réalisations en sont légion. Il ouvre une grande boutique à Jeu où il plaça sa femme pour la gestion et lui, continua dans le maraîchage. Progressivement, Sidsoré employa quelques jeunes du village afin d'agrandir sa superficie de production. Dès lors, il est devenu le premier approvisionneur de la ville de Milo. Beaucoup de commandes passent par lui. Il en fait profiter certains producteurs du village. Les fins d'année constituent les moments de fortes recettes pour lui. La prospérité de la production incita Sidsoré à prendre une seconde épouse du nom de Claire. Claire est une belle femme au teint bronzé avec une forme svelte et élégante. D'aucuns n'hésitent pas à l'appeler ''la blanche'' au regard de son teint bronzé. C'est à Milo, au marché de légume que Sidsoré fit la connaissance de sa nouvelle épouse.

Les affaires prospéraient à un rythme accéléré à tel point que Sidsoré s'en acheta plusieurs motos pompes et tricycles pour son activité.

Les choses commencèrent à se compliquer lorsque les attaques terroristes se sont invitées dans la localité. Tout commença à fonctionner au ralenti, les populations quittèrent peu à peu Jeu pour Milo. Sidsoré en fait autant par l'acheminement de quelques biens dans sa maison non loti qu'il s'est taillée au secteur 7 de Milo. Au regard de la situation, Claire regagna le non loti de Milo avec les deux enfants de sa coépouse en vue de se mettre à l'abri et sécuriser les biens de la famille, car les quartiers périphériques de Milo sont infestés de truands. La première épouse, elle resta à Jeu avec Sidsoré pour continuer l'activité commerciale et agricole, tout en espérant que le calme reviendra.

Un matin, un groupe de terroristes débarqua à Jeu. Une soixantaine de motos *alobas* ont été enregistrées ; sur chaque moto, l'on comptait deux ou trois terroristes. Chacun des terroristes portait une Kalachnikov en bandoulière avec des chargeurs attachés tout autour de la hanche. Ce jour-là, un vendredi jour de marché, ce fut la panique générale. L'on courait dans tous les sens pour éviter éventuellement des tirs. La mosquée juste à côté et le marché ont été encerclés. Les populations présentes ont été invitées à la mosquée pour suivre un prêche. Les femmes sont placées derrière les hommes. Une cinquantaine de terroristes étaient en retrait, tous cagoulés veillaient sur l'autre équipe qui procédait à la disposition des populations pour leur permettre de suivre le prêche tant annoncé à la mosquée. Un des terroristes se mit au milieu de la foule et commença son prêche :

- Nous sommes là ce vendredi pour vous apporter la bonne nouvelle d'Allah. Nous voulons que vous priez notre Allah. À partir d'aujourd'hui, pas d'alcool, pas de fornication, pas de vol, ni de viol. Celui qui va désobéir sera égorgé comme un mouton de Tabaski. C'est compris ?
- Oui, c'est compris, a réagi toute la foule en chœur.
- Nous combattons ceux qui combattent Allah, autrement dit, ceux qui ne croit pas à la Charia ; nous allons veiller à son application, inchalla. À partir de maintenant, toutes les femmes doivent se voiler ; les hommes doivent porter des pantalons à la limite des chevilles. Nous reviendrons dans quelques jours pour vérifier s'il y a eu un changement. Et gare à celui ou celle qui va donner nos positions à l'armée. C'est tout notre message. Asalaam alekoum.

C'est une première fois que la population de Jeu vit cette situation. Le silence fut total lors du prêche de peur de ne s'attirer la colère de ces hommes hors la loi. Dès que le prêche finit, les terroristes démarrèrent en trompe leurs engins et prirent la direction des collines, possiblement leur refuge. En ce moment, la panique et l'amertume se lisaient sur le visage des populations.

- « Nous reviendrons dans quelques jours pour vérifier ». C'est vraiment compter sans moi, parce que dès demain, je rentre avec ma famille à Milo. Celui qui veut qu'il reste, a laissé entendre un jeune du village au marché.

Très rapidement, Jeu a commencé à se vider de sa population. Beaucoup de choses leur ont été interdites. Ne pouvant pas supporter, des familles entières ont préféré aller se réfugier en ville. Ceux qui sont restés ont choisi de respecter les consignes données afin de ne pas s'attirer la colère des hors la loi.

Sidsoré, tenant toujours à ses activités, a très rapidement mis en application les instructions des djihadistes qui, en réalité sont aux yeux de tous des terroristes. Minata qui portait le voile rien que pour les prières est obligée de se voiler tous les jours. Idem pour son mari qui doit porter des pantalons qui frôlent à peine les chevilles. L'accoutrement a pris une autre forme à Jeu pour ceux ou celles qui ont décidé d'y rester.

Le service de renseignement de l'armée régulière a pu repérer quelques colonnes de terroristes dans la zone du lac ; ainsi, une opération militaire fut menée, se soldant par l'élimination de 20 terroristes avec la récupération de matériels de guerre. Deux semaines durant, la quiétude semble revenir à Jeu suite à l'intervention militaire. Mais c'est sans compter avec la détermination des forces du mal à vouloir tout détruire et à se venger de leurs frères d'arme tombés.

Un samedi matin à la surprise générale des habitants de Jeu, les terroristes, en grand nombre ont commencé à tirer dans tous les sens. Ils visitèrent toutes les boutiques qu'ils pillèrent et mirent le feu au marché. Des greniers ont été incendiés. Deux jeunes du village suspectés d'être membres du comité de défense des intérêts de Jeu ont été froidement exécutés par les terroristes devant leur famille. Des cris tous azimuts des femmes ont obligé les forces du mal à quitter très rapidement le village.

Ce samedi noir à Jeu reste graver dans la mémoire collective de ses habitants. Cette scène se produisait quand Sidsoré était à Milo pour approvisionner un de ses clients en légumes. C'est sur les réseaux sociaux qu'il apprit que son village reçu la visite des HANI (hommes armés non identifiés). Sidsoré tenta de joindre Minata, son épouse en vain. Il finit par joindre un de ses frères qui le rassura que les terroristes avaient replié et qu'il pouvait revenir pour sauver ce qui reste.

A son arrivée, Sidsoré trouva sa femme en pleure qui n'a pu supporter la furie des HANI.

- Calme-toi je suis là, nous rentrons aujourd'hui même à Milo.

L'espoir qui animait tout le village s'est envolé en un samedi noir. La boutique de Sidsoré a véritablement été pillée et brûlée. Minata ne pouvait pas retenir ses larmes. Son mari ne pouvait que la consoler et l'inviter à garder espoir étant qu'elle est toujours en vie. C'est dans cette désolation que le couple, accompagné des deux parents du mari se réfugièrent au non loti construit à Milo. Avec ce départ improvisé, Sidsoré a dû mobiliser des moyens pour construire deux nouvelles maisons dans le non loti pour pouvoir contenir toute la famille. En une semaine, les logements sont terminés. Sidsoré, obligé de partager un local avec ses deux femmes, le deuxième local au profit de ses propres parents et tantes et le quatrième logement au profit des enfants et autres parents du village. Le nombre de personne à sa charge s'élève à 20 personnes.

Les recettes de Sidsoré ont commencé à diminuer considérablement à tel enseigne qu'il finit par vendre deux de ses tricycles pour faire face aux besoins de sa grande famille. Si Minata arrive à supporter le calvaire causé par l'exil forcé, Claire la blanche n'en pouvait plus. Elle qui était habituée à vivre avec la famille nucléaire au sens propre du terme est aujourd'hui obligée de partager la vie du couple en présence des autres membres de la famille. Sidsoré tenta plusieurs fois de raisonner sa seconde épouse en vain. Elle ne fait qu'à sa tête. Ses sorties étaient nombreuses si bien que son époux suivit pas à pas ses pas. Un soir, Sidsoré surprit la blanche dans le maquis Waps à côté d'un homme de son âge. Il garda son calme ; très calmement, il toucha l'épaule de son épouse et avec un sourire forcé, il fit de la tête bonjour à l'amant de sa femme. Il s'approcha de l'homme et lui chuchota à l'oreille droite : « S'il te plaît enseignant, laissez ma femme tranquille. Je suis au courant. » Sidsoré ne pouvait pas comprendre que sa nouvelle situation puisse transformer sa femme Claire. Sa boutique est partie en fumée, ses affaires ne fonctionnent plus et voilà qu'il est entrain de perdre sa deuxième femme. La blanche profita de l'absence de son mari pour ramasser tous ses biens. Elle quitta définitivement le non loti pour s'installer chez son amant. Sidsoré fit le constat et le signala à la belle famille. Toutes les médiations ont été mises en œuvre afin de convaincre Claire à revenir, mais hélas. Sa décision est sans ambages : « Sidsoré n'est plus mon mari ; j'ai eu mieux que lui. » a laissé entendre la blanche à une des délégations.

Pendant ce temps, Minata qui était restée sa fidèle femme, au lieu de réconforter Sidsoré se mit elle aussi à le dénigrer.

- Tu n'es plus un homme ; jusqu'à ce qu'une autre personne confisque ta femme. Ce n'est pas digne d'un homme.
- Que voulais-tu que je fasse ?
- Montre à la personne que tu es un homme.
- En quoi faisant ?
- En l'éliminant ?
- Minata, moi, je ne suis pas un terroriste pour abattre froidement mon semblable.
- Moi, je n'ai rien dit hooo.

Sidsoré commença à perdre à nouveau l'espoir qu'il pouvait avoir auprès de sa première femme. Les parents ont compris que leur fils n'était plus lui-même. En effet, le terrorisme est un poison dans une grande quantité d'eau. Au fur et à mesure, il détruit tout sur son passage ; seuls les plus forts pourront résister. Pour l'instant, Sidsoré subit à fouet les dégâts collatéraux du terrorisme. Le peu d'économie se vidait, et progressivement cela se ressentait dans la vie du jeune couple. Si Claire n'avait pas eu d'enfants avec Sidsoré, Minata par contre en a eu deux garçons : 3 ans et 2 ans.

Comme on le dit certaines femmes sont imprévisibles et se métamorphosent suivant les circonstances. C'est ce comportement que rencontre le couple Sidsoré. Minata, son seul espoir l'a quitté également pour regagner un ancien copain devenu acheteur d'or. Sidsoré se retrouva alors sans femme. C'est sa propre mère et ses tantes qui doivent tout faire. : laver ses deux garçons et préparer la nourriture pour la famille.

Ne pouvant pas supporter, Sidsoré se lança dans la prise des boissons frelatées comme si la solution viendrait de là. Lui qui était très bien considéré à Jeu, est devenu un moins que rien à Milo. Personne ne lui rendait visite. La solidarité à Jeu s'est rapidement disloquer à Milo : chacun pour soi et Dieu pour tous. C'est la réalité en ville. Les valeurs morales, sociétales sont reléguées au second plan.

Sidsoré ne parvint plus à mettre les pieds dehors. Tellement qu'il avait honte d'affronter le regard des voisins de son quartier. Dans un long monologue intérieur, Sidsoré dit ceci :

- Moi qui avais un destin reluisant, je me retrouve face à une incertitude sans précédent. J'ai presque tout perdu : mes activités rémunératrices de revenues et surtout mes deux femmes qui constituaient à mes yeux des sources espoirs. Malheureusement, elles ont eu raison de moi. Je leur ai tout donné. C'est au moment où mon travail prospérait que toi terrorisme est arrivé taper dans mon dos. A cause de toi, j'ai perdu en 6 mois ce que j'ai pu construire en 5 ans.

Subitement, les larmes de Sidsoré coulèrent. Il tenta de se consoler :

- Dieu est grand. Inchalla, l'espoir renaîtra. Dieu ne laissera pas ses propres enfants souffrir. Moi, mon cas est plus sérieux ; j'ai deux enfants au bas âge, et quitter ce monde de sitôt aggravera leur condition de vie. Mes deux garçons sont devenus mes seuls espoirs, mes sources de vie. Mais, cela suffit-il à me maintenir en vie, tellement que vivre me dégoutte maintenant. Ce que je ne comprends pas, comment des hommes ont pu me retirer mes deux épouses en si peu de temps.

Ce monologue de Sidsoré fut interrompu par l'appel de Touisida, sa mère. Celle-ci trouva son fils la tête entre les deux mains. Elle comprit vite que son fils n'arrivait pas à supporter le choc qu'il vit. Elle lui dit :

- Fils, ne perd pas espoir. S'il y a la vie, c'est qu'il y a espoir. C'est vrai que le terrorisme a bouleversé l'ordre normal des choses, mais ayons espoir que les choses rentreront dans l'ordre.
- Mais quand maman ?
- Il y a un adage de chez nous qui dit que toute chose à une fin. Les attaques terroristes auront aussi une fin. Mon fils, je comprends ta douleur, sois fort. Claire et Minata sont parties, c'est le destin qui l'a voulu. Ce n'est pas la fin du monde. Dieu merci, tu as deux charmants garçons, ton père et moi sommes également à tes côtés. Les angoisses de couple n'ont pas débuté par toi et ne finiront pas par toi. Mon fils, sache que les difficultés qu'une personne rencontre sur son chemin est adaptées à son potentiel. Tu en es capable de surmonter les difficultés, étant donné qu'après ton échec scolaire, tu as pu te faire une autre vie et devenir un grand producteur de culture de contre saison à Jeu. C'est le terrorisme qui a créé tout ce désordre. Comme je le dis fils, ne baisse pas les bras, le meilleur reste à venir.
- Merci beaucoup maman pour ces messages de réconfort.

Sidsoré en avait besoin de ce réconfort. C'est comme s'il avait avalé un comprimé pour combattre le désespoir. Peu à peu, Sidsoré commença à se retrouver ; la honte avait totalement disparu. C'est le début d'une autre vie pour lui.

Printed by Books on Demand GmbH, Norderstedt / Germany